BEI GRIN MACHT SICH IHR WISSEN BEZAHLT

AF141868

- Wir veröffentlichen Ihre Hausarbeit,
  Bachelor- und Masterarbeit

- Ihr eigenes eBook und Buch -
  weltweit in allen wichtigen Shops

- Verdienen Sie an jedem Verkauf

Jetzt bei www.GRIN.com hochladen
und kostenlos publizieren

Erstellung eines Strategieberichts für ein fiktives Unternehmen. Ein Fitnessstudio in Rostock

GRIN

Bibliografische Information der Deutschen Nationalbibliothek:

Die Deutsche Nationalbibliothek verzeichnet diese Publikation in der Deutschen Nationalbibliografie; detaillierte bibliografische Daten sind im Internet über http://dnb.d-nb.de abrufbar.

ISBN: 9783346505378
Dieses Buch ist auch als E-Book erhältlich.

© GRIN Publishing GmbH
Nymphenburger Straße 86
80636 München

Druck und Bindung: Books on Demand GmbH, Norderstedt Germany
Gedruckt auf säurefreiem Papier aus verantwortungsvollen Quellen

Das Buch bei GRIN: https://www.grin.com/document/1132737

Deutsche Hochschule für
Prävention und Gesundheitsmanagement

Hausarbeit (kollektive Prüfungsleistung)

Studiengang	Master of Arts Prävention und Gesundheitsmanagement WS 2020
Datum Präsenzphase	01.03.2021 – 04.03.2021

Inhaltsverzeichnis

1 Darstellung der Ausgangssituation

1.1 Wahl des Standortes

Die Fitnessbranche ist ein stetig wachsender Markt. Früher dominierte diese den Ruf von „Muskelprotzen und Hupfdohlen", der sich ab den 90er Jahren bis heute zu einer Szene entwickelte, wo gesundheitsorientierte und ganzheitliche Fitness im Mittelpunkt steht (Geisler, 2020, S. 27). Die folgende Arbeit erzielt eine strategische Unternehmensplanung für ein Fitnessstudio im Premium-Segment. Der Standort für dieses Studio soll die Stadt Rostock sein. Das Fitnessstudio „fit Lady´s First´´ hat die Adressdaten Lange Str. 1 in 18055 Rostock. Dieser Standort ist zentral und liegt in unmittelbarer Nähe der Straßenbahnen, Parkplätze, einer großen Parkanlage und eines Einkaufscenters (Abb. 1).

Anmerkung der Redaktion: Die folgende Abbildung wurde aus urheberrechtlichen Gründen entfernt.

Abb. 1: Standort mit Maßstab: 500m

1.2 Beschreibung des Unternehmenstyps

Hauptziel von fit Lady´s First ist es, weiblichen Einwohnern in Rostock einen hohen Standard an Fitnessangeboten zu bieten. Durch unser Premium-Segment für dieses Studio stellen wir sicher, dass unsere Kundinnen die bestmöglichen Chancen auf ein individuelles Trainingsangebot für ihren Körper und ihre Gesundheit erhalten. Vorhanden sind Kardiogeräte, Freiflächentraining mit und ohne Geräte bis hin zu Krafttraining und gesteuertem Training via Chipkarten. Der Kundin werden neben zahlreichen Kursen auch Präventionskurse nach §20 Abs. 1 SGB V angeboten, die durch die gesetzlichen Krankenkassen gefördert werden. Darunter fallen Training im Kurs, im Wasser und zusätzlich betreutes gerätegestütztes Training. Dieses Konzept soll Schmerzen vorbeugen, entgegenwirken und auch bestehende Schmerzen lindern.

Neben den gewöhnlichen Kursräumen befindet sich im Fitnessstudio fit Lady`s First auch ein Raum für Entspannungstherapien, um dem Alltag zu entfliehen und dadurch eine perfekte Basis für ein langfristiges, erfolgreiches Training zu erhalten. Um diese Entspannung zu unterstützen, wird ein Saunabereich mit einer Caldarium- und einer finnischen Sauna zur Benutzung bereitgestellt. Auf Wunsch, das Training zu individualisieren und zu spezialisieren, stellen wir in unserem Fitnessstudio als zubuchbares Angebot das Personal Training zur Verfügung. Um schnellstmöglich die besten Ziele zu erreichen, haben wir nicht nur eine Vielfalt an Geräten, sondern auch ausgebildetes Personal vor Ort. Fit Lady`s First wird ein individuelles Betreuungsangebot mit speziellen Fachkompetenzen anbieten, um dem Status „Premium-Fitnessstudio,, mehr als gerecht zu werden.

Ein weiteres Geschäftsfeld bildet der Rehabilitationssport, der wie bei Präventionskursen, von der gesetzlichen Krankenkasse gefördert wird. Dieser findet als Gruppenkurs im Studio statt. Die Mitgliedsbeiträge unseres Studios fit Lady`s First liegen monatlich im Bereich von 79 Euro bis 99 Euro, womit wir im Premium-Segment angesiedelt sind. In diesem monatlichen Beitrag sind Leistungen wie Geräte, Betreuung, Kurse und Sauna enthalten. Lediglich für unser Angebot Personal Training wird ein Zusatzbeitrag berechnet, der in Form von monatlicher Vorauszahlung oder Zahlung per Einheit zu leisten ist. Die angebotenen strategischen Geschäftsfelder und deren Produkte, sowie die dazugehörigen Dienstleistungen, werden in Tabelle 1 verdeutlicht.

Tab. 1: Geschäftsfelder, deren Produkte und Dienstleistungen von fit Lady's First

Geschäftsfelder	Produkte	Dienstleistung
Gerätevielfalt	Kardiogeräte, Kraftgeräte, Chipkarten-Geräte, Freie Geräte (Langhantel, Kettlebells)	Einmalige Geräteeinweisung durch ein Fitnesstrainer mit mindestens einer B-Lizenz
Kursangebote	Rückentraining, Zumba, Piloxing, Pilates, Bauch-Beine-Po, Entspannungstherapie etc.	Zertifizierte Kurstrainer
Präventionskurse	Nach § 20 Abs. 1 SGB V - Aqua Fit - Yoga - Rückenschule	Qualifiziertes Training mit Rückerstattung der Kosten durch gesetzliche Krankenkassen
Rehabilitationssport	Kursangebote	Zertifizierte und Qualifizierte Trainer
Personaltraining	Spezielles und individuales Training	Einzelbetreuung eines Trainings mit einem qualifizierten Personal Trainer

2 Phase der strategischen Zielplanung

2.1 Unternehmerische Vision / Mission / Grundwerte

Unternehmer brauchen Visionen. Ohne diese wäre keine strategische Zielplanung möglich. Unter Vision versteht man das Ziel, das das Unternehmen in Zukunft erreichen will (Weber, Kabst & Baum, 2014, S. 82). Daraus ergibt sich für fit Lady's First diese Unternehmervision:

„Wir wollen die erste Anlaufstelle in Rostock werden für Frauen, die auf ein qualitatives Training in Wohlfühlatmosphäre ihren Schwerpunkt setzen."

Um langfristig ein qualitatives Training bieten zu können, ist eine zeitnahe Steigerung der Kundenzahlen sehr wichtig, um den Mitarbeitern weiterhin gute Konditionen bieten zu können. Dies unterstützt die positive Atmosphäre im Studio.

Infolgedessen wird von diesem Aspekt die Mission abgeleitet. Diese beschreibt, welchen Zweck das Unternehmen erfüllt, beziehungsweise wieso es auf dem Markt ist und welchen Nutzen das Studio dem Kunden bieten kann (Weber et al., 2014, S.82).

Für das Premiumstudio fit Lady's First stehen die Frauen und deren Gesundheit im Vordergrund. Demnach ergibt sich die Mission:

5

„Gezieltes Training für Frauen in familiärer Umgebung für schnelleres Erreichen der Ziele, um eine leichtere Bewältigung der Alltagsaufgaben zu gewährleisten"

Um diese Aspekte bestmöglich durchzuführen, setzt die Führung des Unternehmens auf die Mitarbeiter und auch auf das Verhalten der Mitarbeiter gegenüber den Kunden, welches gewisse Grundwerte beziehungsweise Einstellungen voranstellt. Dadurch soll sich das Studio fit Lady´s First im Markt etablieren (vgl. Tab. 2).

Tab. 2: Grundwerte von fit Lady´s First

Grundwerte Mitarbeiter/Mitglieder	
Pünktlichkeit	Jeder Mitarbeiter erscheint pünktlich zur Arbeit und zu seinen Terminen
	Jedes Mitglied erscheint pünktlich zu seinem Termin
Ehrlichkeit/Freundlichkeit/familiär	Wir gehen ehrlich, respektvoll und familiär miteinander um
Verantwortlichkeit	Qualitätsstandards werden sichergestellt (bei Mitarbeitern und im Studio)
Gleichheit	Wir behandeln jeden Kunden auf die gleiche Art und Weise

2.2 Strategische Zielplanung

Wie oben in Aufgabe 2.1 dargestellt, sind Visionen die zukunftsweisenden Ziele des Unternehmens. Hiervon lassen sich vier strategische Unternehmensziele des Permiumstudios fit Lady`s First ableiten.

Tab. 3: Strategische Unternehmensziele

Inhalt	Ausmaß	Zeit
Personal	Qualifiziertes Personal, alle Trainer mit mind. einer B-Lizenz	Bis zwei Wochen vor Eröffnung
Kooperationen	Ärzte, Therapeuten, Krankenkassen, Firmen	Bis zu einem halben Jahr nach Eröffnung, danach auch fortlaufende neue Kooperationen im Visier
Kundenstamm	Mitgliederanzahl von 2000	Drei Jahre nach Eröffnung
Popularität	Führender Fitnessanbieter für Frauen in der Stadt Rostock	Vier Jahre nach Eröffnung

2.3 Branchenvergleich

Zu einem wichtigen Punkt gehört, die Mitbewerber zu analysieren und mit dem eigenen Studio zu vergleichen, um die erste Anlaufstelle für Fitness und Gesundheit im Premium-Segment in Rostock zu werden. Anhand dieser Methoden wird festgestellt, mit welchen Maßnahmen man sich vom aktuell bestehenden Markt hervorheben kann. Nachfolgend werden in Tabelle 4 ein regionales und ein überregionales Premiumstudio in den Bereichen Vision, Mission und Grundwerte gegenüber gestellt.

Tab. 4: Branchenvergleich

	MedX Rostock	aktiv fitnessclub
Vision	Gesundes, effizientes Training durch umfangreiche Körperanalysen und zielorientiere Trainingssteuerung. Wir konzentrieren uns nur auf das Wesentliche (MedX Rostock, 2021)	Wir möchten mit unseren aktiv fitnessclubs in der Region erster Ansprechpartner in Sachen Fitness und Gesundheit sein (aktiv fitnessclub, 2021)
Mission	Nur ein wöchentliches Training innovativ und hoch intensiv oder zwei effektive Trainingseinheiten wöchentlich um umfangreiche Erfolge in Kraft, Beweglichkeit und Ausdauer zu erzielen (MedX Rostock, 2021)	Kunden durch gezieltes Fitnesstraining stark, selbstbewusst und glücklich zu machen (aktiv fitnessclub, 2021)
Grund-werte	Zielorientiert, fokussiert, ehrlich (MedX Rostock, 2021)	Professionell, qualitativ, motivierend, Authentizität, Ehrlichkeit (aktiv fitnessclub, 2021)

Vergleicht man diese Premiumanbieter mit dem geplanten Unternehmen wird deutlich, dass aktiv fitnessclub eine nahezu identische Vision mit dem Studio fit Lady`s First aufweist. Beide setzen sich als Ziel, die erste Anlaufstelle in deren Region zu werden, wobei das geplante Unternehmen sich nochmal spezifiziert und nur die Zielgruppe „weibliche Einwohner" anspricht. Generell ist der Kernpunkt der drei Premiumstudios durch ihre Angebote, das beste Trainingskonzept und Möglichkeiten für den Kunden anzubieten. Auch der Vergleich der Mission spiegelt sich im Kern bei allen aufgezeigten Studios wieder. Vor allem handelt es sich hierbei um zielorientiertes Training, um einen schnellen Erfolg der eigenen Fitness und Gesundheit zu erreichen. Dies ist der Anhaltspunkt der Unternehmen. Unterschiede gibt es nur in den Einzelheiten. MedX definiert seine Grundwerte so, nie den Fokus zum Training zu verlieren, um sich nur auf das Wesentliche zu konzentrieren. Beim aktiv fitnessclub hat nicht das Training selbst die höchste Priorität, sondern die Wohlfühlatmosphäre und der motivierende, ehrliche Umgang miteinander.

Selbst im geplanten Unternehmen fit Lady´s First steht das familiäre Miteinander im Vordergrund. Es wird nicht nur Wert auf den Trainingsinhalt gelegt, sondern auch auf die optimalen Vorrausetzungen, um das Trainingsziel in guter, entspannter Atmosphäre zu erreichen.

3 Phase der strategischen Analyse und Prognose

3.1 Branchenstrukturanalyse

Spricht man von einem Wettbewerb, ist es sinnvoll, sich bei der Analyse eines Unternehmens auf fünf verschiedene Faktoren zu konzentrieren. Diese Faktoren nach Michael E. Porter sind in der Branche bei jedem aktiven Wettbewerber von Bedeutung. Mit seinem Ansatz „Five Forces" zeigt er eine Möglichkeit, mit der sich Branchen strukturieren und analysieren lassen (Hirzel, Zub & Dimler, 2016, S. 73). In Tabelle 5 wird ein adaptives Five-Forces-Modell nach Porter für das Premium-Fitnessstudio fit Lady`s First aufgeführt.

Tab. 5: Five Forces-Modell nach Porter (+ = hoch, 0 = mittel, - = gering)

Five Forces	Bewertung der Verhandlungsstärke aus Sicht des Unternehmens	Premium Fitnessstudio Lady`s First
Rivalität	0	drei weitere Damenfitnessstudios in der Nähe
Abnehmer (Kunden)	-	Geringe Verhandlungsstärke, da es mehrere Frauenstudios in der Umgebung gibt
Ersatzprodukte	-	Home Training, YouTube Videos, Fitness Apps
Lieferanten	+	Hohe Verhandlungsstärke, da es viele Geräteanbieter auf dem Markt gibt
Potenzielle Konkurrenten	0	Mitbewerber könnten einen separaten Damen Trainingsbereich aufbauen

Dies zeigt, dass als Rivalität am Markt weitere Premiumanbieter, die sich auf ein reines Frauenfitnessstudio etablieren, agieren. Durch das steigende Wachstum der Fitness- und Gesundheitsbranche wird die Nachfrage an Fitness-Anlagen immer größer (Eckdaten der deutschen Fitness-Wirtschaft 2020, 2019, S. 8). Dadurch können am Markt durchaus neue potentielle Mitbewerber im Bereich Fitness und Gesundheit entstehen. Es ist wichtig, den richtigen Lieferanten für Fitnessgeräte zu finden. Dabei sind die Unternehmer mit einer hohen Verhandlungsstärke am Markt, da es zahlreiche Anbieter gibt. Allerdings sollten auch Ärzte, Krankenkassen und Therapeuten als Lieferanten für unser Studio dienen, um Empfehlungen an die Kundinnen auszusprechen. Somit zählen nicht nur Fitnessinteressierte zu unseren Kundinnen, sondern auch Frauen mit gesundheitlichen Problemen. 6,5 Millionen Menschen setzen bereits auf Hilfsmittel wie Apps, Smartphones und Wearables (Eckdaten der deutschen Fitness-Wirtschaft 2020, 2019, S.10). Diese Ersatzprdukte könnten die Dienstleistungen des Studios möglicherweise gefährden.

3.2 SWOT-Analyse

Anbieter in einem Premium-Segment decken sich oft mit einem Gerätepark und Kursen. Deshalb ist es wichtig, Stärken herauszufinden, mit dem sich das Studio „fit Lady´s First" von anderen Premiumanbietern unterscheiden kann. Als Unternehmensstärke werden somit das qualifizierte Personal und deren Leistungen an den Kundinnen dargelegt. Momentan ist das Studio der einzige Anbieter, der sich speziell auf Frauen fokussiert und auch Training durch Förderung der gesetzlichen Krankenkassen in Form von Rehabilit-Eine zusätzliche Möglichkeit, das Personal Training, ergibt sich durch die qualifizierten Mitarbeiter, um eine optimale Betreuung unserer Kundinnen sicher zu stellen. Unternehmerische Nachteile ergeben sich durch den Preis. Um ein solches Konzept anwenden zu können, braucht man von Beginn an qualifizierte Mitarbeiter, die allerdings hohe Lohnkosten erfordern, welche möglicherweise anfangs durch den geringen Bekanntheitsgrad nicht aufzubringen sind. Um die Ausgaben des Studios decken zu können, sind in einem Premiumstudio die Mitgliedsbeiträge höher angesetzt. Frauen nehmen häufiger Angebote zur Rückengesundheit, Stressbewältigung und Entspannung wahr als Männer (Ludwig, Starker, Hermann & Jordan, 2020, S. 1498). Daher wird das steigende Gesundheitsbewusstsein der Frauen als eine Chance für das Unternehmen in der Umwelt gesehen, um daraufhin die beste Lösung am Markt anbieten zu können. Für das Premiumstudio fit Lady`s First in Rostock bieten sich aber nicht nur Chancen, sondern auch Risiken. Als neues Studio im Premium-Segment am Markt, stellen Ersatzprodukte wie beispielsweise Fitness-Apps oder Wearables ein Risiko dar. Um im Markt mitwirken zu können und sich nicht selber ins „Aus" zu schießen, sollte man eine Vernetzung mit der Entwicklung der Technologien in Betracht ziehen (Eckdaten der deutschen Fitness-Wirtschaft 2020, 2019,

S. 10). Somit bleibt man attraktiv. Durch die stetige Digitalisierung und zahlreichen Angebote, wie zum Beispiel Homeworkouts wird es vor allem in der Corona-Krise am Markt
immer komplizierter. Diese Stärken, Schwächen, Chancen und Risiken sind in Tabelle 6
nochmals deutlich dargestellt.

Tab. 6: Umwelt- und Unternehmensanalyse

Stärken	Schwächen
1. Angebotsvielfalt (Gerätepark, Kurse, Saunen, Personal Training)	1. Preis
2. Erstklassige Kundenbetreuung durch qualifizierte Mitarbeiter (z.B. durch Personal Training)	2. Noch kein Bekanntheitsgrad
Chancen	Risiken
1. Steigendes Gesundheitsbewusstsein	1. Technologieentwicklung (Apps, Wearables etc.)
2. Fitnesshype	2. Homeworkouts durch beispielsweise YouTube

In der SWOT-Analyse werden diese strategischen Analysen zusammengefasst. Sie dienen der transparenten Gegenüberstellung von Stärken und Schwächen, („strengths",
„weaknesses") sowie Chancen und Risiken („opportunities", „threats") (Hungenberg &
Wulf, 2011, S. 175). In Tabelle 7, die eine SWOT-Matrix veranschaulicht, werden die
daraus resultierenden Strategien formuliert.

Tab. 7: SWOT-Matrix

SWOT-Matrix		Externe Analyse	
		Chancen	Risiken
Interne Analyse	Stärken	- Individuelle Angebote für unterschiedliche Zielgruppen von Frauen z.B. Sportlerinnen, Rehapatienten, Mütter (Stärke 1 – Chance 1) - Garantie auf höchstem Niveau, das bestmöglichste Training unter Betreuung zu erzielen (Stärke 2 – Chance 2)	- Individueller Trainingsplan für die Kundinnen (Stärke 2 – Risiko 2) - Individuelles Eingehen auf Kundenwünsche und deren Ziele durch ständiges Anpassen des Trainings (Stärke 1 und 2 – Risiko 2)
	Schwächen	- Anbieten von Studentenrabatten (Schwäche 1 – Chance 2) - Angebote für alle Frauen in den ersten drei Monaten: Personal Training zum halben Preis, Mitgliedsbeitrag zum halben Preis (Schwäche 1 und 2 – Chance 1)	- Anbieten einer eigenen App, die wöchentlich durch Mitarbeiter kontrolliert wird (Schwäche 1 – Risiko 1) - Kostenloser Zugang für Mitglieder zu den studioeigenen Online-Kursen „Bequem von Zuhause" (Schwäche 1 und 2 – Risiko 2)

3.3 Zielplanung

Das Hauptziel des Premiumstudios fit Lady's First, als erste Anlaufstelle für Frauen zu fungieren, lässt sich auch nach der Analyse realisieren. Dazu benötigtes, qualifiziertes Personal und verschiedene Kooperationen müssen vor Studioeröffnung gefestigt sein. Mit den zwei Komponenten, die essenziell für das Unternehmen sind, kann der Grundstein eines erfolgreichen Betriebs gelegt und die weiteren Ziele verfolgt werden. Desweiteren soll unser nächstes Ziel, einen Kundenstamm an 2000 Mitglieder zu vermerken, durch unser vielfältiges Gesundheitsangebot in unserem Studio innerhalb drei Jahren realisierbar sein.

4 Phase der Strategieformulierung

4.1 Strategieformulierung

Als Strategieformulierung auf Unternehmensebene, plant das Studio am Markt eine Wachstumsstrategie. Es ist ein Unternehmen, welches sich das Erreichen einer Mitgliederzahl von 2000 Frauen innerhalb drei Jahren nach Eröffnung als Ziel setzt. Um den Markt zu durchdringen, setzt fit Lady`s First hauptsächlich auf eine professionelle Trainingsbetreuung, die optimal auf die Bedürfnisse der Frau zugeschnitten ist. Mit Eröffnung weiterer Studios in der Region auf bereits bestehenden Leistungen, wird nach einer Primärstrategie die Marktentwicklung angestrebt. Um auf dem bestehenden Markt neue Leistungen anbieten zu können, wird eine Kooperation mit einem Babygeschäft im benachbarten Einkaufszentrum anvisiert und eine Kinderbetreuung während den Trainingszeiten zur Verfügung gestellt. Um sich von den Mitbewerbern abzuheben, steuert das Unternehmen Angebote wie Kurse speziell für Frauen im Alter von 60+ an, um zielgruppenspezifischer zu werden. Durch das einzigartige Betreuungskonzept soll sich die Geschäftsbereichsebene, mit der Wettbewerbsstrategie am Markt differenzieren. In den Vordergrund müssen die Stärken des Unternehmens gestellt werden, um am Markt deutlich zu zeigen, dass ausschließlich fit Lady`s First die individuellen und gezielten Möglichkeiten für Frauen anbietet.

4.2 Blue Ocean-Strategie

Zum optimalen Erreichen des individuellen Zieles gehört nicht nur das Training allein. Verschiedene Faktoren wie beispielsweise Ernährung, Muskelspannung und Muskelregeneration gehören zu den wichtigsten Punkten, um das Ziel bestmöglich zu erreichen. Um den Service für unsere Kundinnen noch optimaler zu gestalten, wird eine Strategie entwickelt, die nicht nur den Frauen eine bessere Angebotsvielfalt zur Verfügung stellt, sondern ein ganz neues Konzept darstellt. Ein Konzept nach Mauborgne und Kim, in der neu geschaffene Märkte entstehen sollen, in denen noch kein Wettbewerb herrscht, sogenannte blaue Ozeane (Barsch, Heupel & Trautmann, 2019, S. 96). Die Strategie für das Premiumstudio fit Lady´s First besteht darin, wichtige Faktoren eines erfolgreichen Trainings anzubieten. Es entsteht eine sogenannte „Bonus-Card". Mit dieser Karte steht ein qualifizierter Mitarbeiter wöchentlich zweimal zur Verfügung, um Massagen und/oder

Lymphdrainagen durchzuführen. Die Wahl, welche Behandlung letztendlich durchgeführt wird, entscheidet jedes Mitglied für sich selbst. Allerdings wird bei Erstellung des Trainingsplans eine Empfehlung ausgesprochen, wann solche Behandlungen am effektivsten sind. Zusätzlich kann jeden Monat eine qualifizierte Ernährungsberatung auf die Karte hinzugebucht werden. Dies geschieht nicht als Abonnement, kann allerdings nur mit dem Besitz der Bonus-Karte gewählt werden. Die Bonus-Karte können sich Mitglieder auf Wunsch ergänzend zu ihrem Mitgliedsbeitrag dazubuchen. Dies erfolgt gleichermaßen über ein Abonnement. Somit steht einem bestmöglichen Training nichts mehr im Wege.

5 Personalmanagement

5.1 Führungsverhalten

Das Führungsverhalten sollte situationsbedingt erfolgen. Führungskräfte mit einer hohen emotionalen Intelligenz können eine Situation komplex erfassen, wahrnehmen und entsprechend darauf reagieren, um situationsbedingt zu handeln. Ohne diese Voraussetzung einer Führungskraft, führen sie unangepasst und/oder haben ein begrenztes Repertoire an Führungsstilen und können nicht situativ vorgehen (Peters, 2015, S. 48). In manchen Arbeitssituationen wird von einer Führungskraft erwartet, dass sie einen partizipativen Stil anwendet und die Mitarbeiter und deren Erfahrungen am Geschäftsleben miteinbeziehen. Jedoch möchte das neue Unternehmen auch die erste Anlaufstelle als Premiumanbieter in der Stadt Rostock werden. Somit wird ebenso ein visionärer Stil erwartet. Die Verantwortung der Unternehmervision trägt allein die Führungskraft, die mit einer guten Zusammenarbeit im familiären Studio durch einen affiliativen Führungsstil erreicht wird. Um einen langfristig Erfolg zu erzielen, nicht nur auf Geschäftsebene, sondern auch auf menschlicher Ebene, dominiert im Studio fit Lady`s First der coachende Stil. Nur wer über bestimmte Persönlichkeitsmerkmale in ausreichendem Ausmaß verfügt, kann eine gute Führungskraft werden. Zu diesen Merkmalen gehören Selbstreflexionsfähigkeit, Selbstkontrolle, Motivation, Empathie und Sozialkompetenz und werden von einer Führungskraft vorausgesetzt (Peters, 2015, S. 48-49).

5.2 Recruiting

Um fachgerechtes Personal zu erreichen, wird eine detaillierte Stellenbeschreibung ausgestellt. Durch diese Weise selektieren wir Bewerber ohne ausreichender Qualifikationen vorab. Das Frauenfitnessstudio im Premiumsegment fit Lady`s First wird erst neu gegründet, wodurch keine Möglichkeit besteht, den Bewerbern Probearbeit anzubieten. Aus diesem Grund sind Erfahrungsberichte von Bedeutung. Trotzdem sollte das zukünftige Personal durch sogenannte Assessment-Center geprüft werden. Es ist ein hocheffizientes Verfahren zur Potenzialeinschätzung bei Auswahl und Beurteilung möglicher Mitarbeiter. Im Vordergrund dieses Verfahrens steht die Beurteilung von Fähigkeiten und nicht die Bewertung fachlicher Kenntnisse (Achouri, 2011, S.44). Geprüft werden die Bewerber zum einen bezüglich ihrer Persönlichkeit und zum anderen aufgrund ihrer Erfahrungen und deren Handlungsvielfalt. Sie erhalten zwei Fallbeispiele der künftigen Arbeitssituation in der Fitnessbranche, die sie anhand ihrer Erfahrung bearbeiten müssen. Die möglichen Führungskräfte sollen bei diesen fiktiven Beispielen als Beobachter gelten und danach entscheiden, welche Bewerber mit den geforderten Aufgaben, die alltäglich in der Fitnessbranche zustande kommen, am besten umgehen können.

6 Literaturverzeichnis

Achouri, C. (2011). *Human Resources Management. Eine praxisorientierte Einführung* (Lehrbuch, 1. Aufl.). Wiesbaden: Gabler.

Aktiv fitnessclub. (2021). Zugriff am 13.03.2021. Verfügbar unter: https://www.fitness-club-aktiv.de/ueber-uns/vision-und-werte.html

Barsch, T., Heupel, T. & Trautmann, H. (Hrsg.). (2019). *Die Blue-Ocean-Strategie in Theorie und Praxis. Diskurs und 16 Beispiele erfolgreicher Anwendung* (FOM-Edition). Wiesbaden, Germany: Springer Gabler.

Eckdaten der deutschen Fitness-Wirtschaft 2020. (2019). Zugriff am 13.03.2021. Verfügbar unter: https://www.dssv.de/presse/statistik/deutscher-fitnessmarkt/

Geisler, S. (2020). Fitness meets Science-Von der Zanderei bis zur Fitnesswissenschaften. *German journal of Sports medicine*, 27–28.

Hirzel, M., Zub, H. & Dimler, N. (Hrsg.). (2016). *Strategische Positionierung. Geschäfts- und Servicebereiche auf Kundenbedarf fokussieren*. Wiesbaden: Springer Gabler.

Hungenberg, H. & Wulf, T. (Hrsg.). (2011). *Grundlagen der Unternehmensführung. Einführung für Bachelorstudierende ; [extras im web* (Springer-Lehrbuch, 4., aktualisierte und erw. Aufl.). Berlin: Springer.

Ludwig, S., Starker, A., Hermann, S. & Jordan, S. (2020). Inanspruchnahme von Maßnahmen der betrieblichen Gesundheitsförderung in Deutschland – Ergebnisse der Studie „Gesundheit in Deutschland aktuell" (GEDA 2014/2015-EHIS). *Bundesgesundheitsblatt - Gesundheitsforschung - Gesundheitsschutz, 63*(12), 1491–1501. https://doi.org/10.1007/s00103-020-03239-z

MedX Rostock. (2021). *Ihr X-tra für gesunde Fitness*. Zugriff am 13.03.2021. Verfügbar unter: https://www.medx-rostock.de/?gclid=CjwKCAiA4rGCBhAQEiwAel-VtiwDAh2ltKrumPKJkannr23JnMlXiovlf3QRnh9Ul--De5TeOYQM_ihoCU-gQAvD_BwE

Peters, T. (Hrsg.). (2015). *Leadership. Traditionelle und moderne Konzepte ; mit vielen Beispielen*. Wiesbaden: Springer Gabler.

Weber, W., Kabst, R. & Baum, M. (Hrsg.). (2014). *Einführung in die Betriebswirtschaftslehre* (Lehrbuch, 9., aktualisierte und überarbeitete Auflage). Wiesbaden: Springer Gabler.

7   Abbildungs- und Tabellenverzeichnis

7.1 Abbildungsverzeichnis

7.2 Tabellenverzeichnis

BEI GRIN MACHT SICH IHR WISSEN BEZAHLT

- Wir veröffentlichen Ihre Hausarbeit,
  Bachelor- und Masterarbeit

- Ihr eigenes eBook und Buch -
  weltweit in allen wichtigen Shops

- Verdienen Sie an jedem Verkauf

Jetzt bei www.GRIN.com hochladen und kostenlos publizieren